50道东南亚风味中式融合菜谱

作者:凯莉·约翰逊

Table of Contents

- 柠檬草辣椒宫保鸡丁
- 罗望子糖醋排骨
- 泰国罗勒牛肉炒芥蓝
- 椰奶咖喱饺子
- 海南鸡饭炒饭
- 川味柠檬草豆腐炒
- 越南粉风味酸辣汤
- 叻沙风味中式凉拌面
- 黑椒辣蟹包子
- 五香班兰鸡
- 味噌柠檬草茄子炒
- 中式叉烧泰式甜辣酱
- 绿咖喱叉烧排骨
- 菠萝炒饭配中式腊肠
- 姜香南姜馄饨汤
- 沙爹酱麻婆豆腐
- 中式茶熏鸭配柠檬叶

- 罗望子糖醋鱼
- 中式火锅配泰式冬阴功汤底
- 甜辣蜜汁中式肉丸
- 韭菜虾仁春卷配花生酱
- 柠檬草牛肉炒中式芹菜
- 芒果黑豆鸡肉卷
- 泰式脆皮椒盐豆腐
- 五香椰奶鸡汤
- 中式蒸包配辣味泰式猪肉馅
- 芥蓝泰国罗勒蒜炒
- 辣味柠檬草川味面碗
- 越南柠檬草海鲜蜜汁排骨
- 中式辣椒油椰子饭
- 炒空心菜配泰国小米辣
- 泰式绿咖喱叉烧包
- 柠檬草柠檬叶茶叶蛋
- 脆皮中式鸭配泰式罗望子酱
- 柠檬草姜汁烤肉串
- 中式炒蛤蜊配泰国罗勒辣椒

- 泰式罗勒茄子配五香粉
- 椰奶鸡粥
- 脆豆腐配中式豆豉泰式辣椒酱
- 葱油饼配泰式花生蘸酱
- 牛肉泰罗勒生菜包
- 柠檬草炸馄饨
- 中式炒面配泰式甜辣虾
- 中式椰姜鱼咖喱
- 花椒柠檬草鸡翅
- 红烧猪肉配泰国棕糖
- 泰式辣味蛋花汤
- 中式凉拌黄瓜配泰辣椒酸柠
- 蒸鱼配柠檬草辣椒酱
- 中式糯米团配泰式椰奶馅

柠檬草辣椒宫保鸡丁

材料：

- 鸡胸肉 500 克，切丁
- 柠檬草 2 根，切细
- 干辣椒 3 个，切段
- 蒜 2 瓣，剁碎
- 姜 1 寸，剁碎
- 炒花生 1/2 杯
- 青椒 1 个，切丁（可选）
- 葱 2 根，切段
- 酱油 2 大勺
- 蚝油 1 大勺
- 米醋 1 大勺
- 海鲜酱（海鲜酱油/甜面酱）1 大勺
- 糖 1 茶匙
- 玉米淀粉 1 茶匙 + 水 2 大勺（调成水淀粉）
- 植物油 2 大勺

做法：

1. 锅中加油，中火加热，放入柠檬草、蒜、姜和干辣椒炒香约 1-2 分钟。

2. 放入鸡丁翻炒至熟。

3. 加入青椒丁翻炒2分钟。

4. 将酱油、蚝油、米醋、海鲜酱和糖混合均匀,倒入锅中翻炒。

5. 倒入水淀粉勾芡,边倒边翻炒至酱汁浓稠有光泽。

6. 加入花生和葱段,炒匀即可出锅。

7. 配白米饭享用。

罗望子糖醋排骨

材料：

- 排骨 500克，切块
- 罗望子酱 2大勺
- 酱油 2大勺
- 红糖 3大勺
- 蒜 2瓣，剁碎
- 洋葱 1个，切片
- 水 1/2杯
- 植物油 1大勺
- 盐和黑胡椒适量
- 香菜 少许（装饰用）

做法：

1. 锅中加油，炒香蒜和洋葱。
2. 加入排骨，煎至表面微金黄。
3. 将罗望子酱、酱油、红糖和水混合均匀，倒入锅中。
4. 大火煮开后转小火，盖上锅盖焖煮30-40分钟，至排骨软烂，汤汁浓稠。
5. 根据口味加盐和黑胡椒调味。
6. 装盘后撒上香菜，搭配白饭食用。

泰国罗勒牛肉炒芥蓝

材料：

- 牛里脊肉 400克，切薄片
- 芥蓝 200克，切段
- 蒜 3瓣，剁碎
- 泰国红辣椒 1-2个，切片（可根据口味调整）
- 酱油 2大勺
- 蚝油 1大勺
- 鱼露 1茶匙
- 糖 1茶匙
- 植物油 2大勺
- 泰国罗勒叶 一把

做法：

1. 锅中加油，开大火，爆香蒜和辣椒。
2. 放入牛肉片快速翻炒至变色。
3. 加入芥蓝，炒至稍微软化约2-3分钟。
4. 酱油、蚝油、鱼露和糖调匀，倒入锅中翻炒均匀。
5. 最后加入泰国罗勒叶，快速翻炒至叶子变软。
6. 出锅装盘，配香米饭享用。

椰奶咖喱饺子

材料：

饺子馅料：

- 鸡肉末或猪肉末 300 克
- 洋葱 1/2 杯，切细
- 蒜 2 瓣，剁碎
- 姜 1 茶匙，磨碎
- 红咖喱酱 1 大勺
- 鱼露 1 大勺
- 糖 1 茶匙
- 香菜 1/4 杯，切碎

咖喱椰奶酱：

- 椰奶 1 杯
- 红咖喱酱 1 大勺
- 鱼露 1 茶匙
- 糖 1 茶匙
- 鸡汤或水 1/2 杯
- 植物油 1 大勺
- 新鲜罗勒或香菜做装饰

饺子皮：

- 市售饺子皮或自制面皮

做法：

1. 将饺子馅料全部混合均匀。

2. 取适量馅料包入饺子皮中，捏紧封口。

3. 蒸锅水开后蒸饺子8-10分钟至熟透。

4. 锅中加油，炒香红咖喱酱1分钟。

5. 倒入椰奶、鸡汤、鱼露和糖，小火煮5分钟至稍微浓稠。

6. 将蒸好的饺子摆盘，浇上咖喱椰奶酱。

7. 撒上罗勒或香菜装饰，趁热享用。

海南鸡饭炒饭

材料：

- 熟海南鸡肉（切丁）200克
- 米饭 2碗（最好用隔夜饭）
- 蛋 2个
- 葱花适量
- 蒜末 1大勺
- 酱油 1大勺
- 鸡油或植物油 2大勺
- 盐和白胡椒粉适量

做法：

1. 热锅加入油，爆香蒜末。
2. 加入鸡肉丁炒香。
3. 推开鸡肉，打入鸡蛋炒散。
4. 加入米饭翻炒均匀，加入酱油调味。
5. 撒葱花，盐和白胡椒粉调味，炒匀即可。

川味柠檬草豆腐炒

材料：

- 硬豆腐 300 克，切块
- 柠檬草 2 根，切细
- 干辣椒 3 个，切段
- 蒜 2 瓣，剁碎
- 姜 1 寸，剁碎
- 豆瓣酱 1 大勺
- 酱油 1 大勺
- 糖 1 茶匙
- 植物油 2 大勺
- 葱花适量

做法：

1. 锅中加油，煎豆腐至两面金黄，取出备用。
2. 锅中留底油，爆香柠檬草、蒜、姜和干辣椒。
3. 加入豆瓣酱炒香。
4. 放入豆腐，加入酱油和糖，翻炒均匀。
5. 撒葱花出锅。

越南粉风味酸辣汤

材料：

- 牛骨汤或鸡汤 1.5 升
- 越南米粉 100 克
- 柠檬汁 2 大勺
- 鱼露 2 大勺
- 糖 1 茶匙
- 辣椒片适量
- 洋葱 1 个，切丝
- 新鲜香菜和薄荷适量

做法：

1. 煮米粉备用。
2. 汤锅中加热汤底，加入鱼露、糖、辣椒片调味。
3. 加入洋葱丝稍煮。
4. 加入柠檬汁调酸味。
5. 盛碗放入米粉，浇上热汤，撒香菜和薄荷。

叻沙风味中式凉拌面

材料：

- 中式细面条 150克，煮熟沥干
- 叻沙酱 2大勺
- 椰奶 1/4杯
- 青柠汁 1大勺
- 黄瓜丝适量
- 胡萝卜丝适量
- 花生碎适量
- 香菜少许

做法：

1. 面条与叻沙酱和椰奶拌匀。
2. 加入青柠汁调味。
3. 装盘，撒黄瓜丝、胡萝卜丝、花生碎和香菜。

黑椒辣蟹包子

材料：

- 面粉 300 克（做包子皮）
- 蟹肉 200 克
- 葱姜蒜末各适量
- 黑胡椒粉 1 茶匙
- 辣椒粉 1/2 茶匙
- 酱油 1 大勺
- 糖 1 茶匙
- 植物油 1 大勺
- 水适量（和面）

做法：

1. 面粉加水和成面团，醒发1小时。
2. 炒香葱姜蒜，加入蟹肉炒匀。
3. 加入黑胡椒粉、辣椒粉、酱油、糖调味。
4. 包入发好的面团中，蒸15分钟即可。

五香班兰鸡

材料：

- 鸡腿肉 500克
- 班兰叶（Pandan leaves）10片
- 五香粉 1大勺
- 酱油 2大勺
- 蜂蜜 1大勺
- 蒜 3瓣，剁碎
- 盐适量

做法：

1. 鸡肉与五香粉、酱油、蜂蜜、蒜和盐腌制至少1小时。
2. 用班兰叶包裹鸡肉，固定。
3. 蒸或烤至熟透。

味噌柠檬草茄子炒

材料:

- 茄子 2 个, 切条
- 味噌 2 大勺
- 柠檬草 1 根, 切细
- 蒜 2 瓣, 剁碎
- 植物油 2 大勺
- 糖 1 茶匙
- 葱花适量

做法:

1. 热锅加油, 炒香蒜和柠檬草。
2. 加入茄子翻炒软化。
3. 加入味噌和糖调味, 炒匀。
4. 撒葱花出锅。

中式叉烧泰式甜辣酱

材料：

- 叉烧肉切片 300 克
- 泰式甜辣酱 4 大勺
- 葱花适量

做法：

1. 将叉烧肉片摆盘。
2. 淋上泰式甜辣酱，撒上葱花即可。

绿咖喱叉烧排骨

材料：

- 排骨 500克
- 叉烧酱 3大勺
- 绿咖喱酱 2大勺
- 椰奶 1杯
- 蒜 2瓣，剁碎
- 糖 1茶匙
- 植物油 1大勺

做法：

1. 排骨用叉烧酱腌制30分钟。
2. 锅中加油爆香蒜，加入绿咖喱酱炒香。
3. 加入排骨翻炒均匀。
4. 倒入椰奶和糖，焖煮至排骨熟软，汤汁浓稠。

菠萝炒饭配中式腊肠

材料：

- 米饭 2碗（隔夜饭最佳）
- 中式腊肠 100克，切片
- 菠萝丁 150克
- 鸡蛋 2个
- 葱花适量
- 蒜末 1大勺
- 酱油 1大勺
- 植物油 2大勺
- 盐适量

做法：

1. 热锅加油，炒香腊肠片，取出备用。
2. 加蒜末炒香，打入鸡蛋炒散。
3. 加入米饭翻炒均匀。
4. 加入菠萝丁和腊肠，倒入酱油，调盐翻炒均匀。
5. 撒葱花，炒匀即可。

姜香南姜馄饨汤

材料：

- 馄饨皮和馅 适量
- 南姜（沙姜）3片，切丝
- 生姜 2片
- 葱段少许
- 鸡汤或清水 1.5升
- 盐和白胡椒粉适量

做法：

1. 鸡汤煮沸，加入南姜、生姜和葱段煮5分钟。
2. 放入馄饨煮熟。
3. 根据口味调盐和胡椒粉，盛出即可。

沙爹酱麻婆豆腐

材料：

- 嫩豆腐 300克，切块
- 猪肉末 100克
- 沙爹酱 2大勺
- 蒜末 1大勺
- 姜末 1大勺
- 豆瓣酱 1大勺
- 酱油 1大勺
- 糖 1茶匙
- 葱花适量
- 植物油 2大勺

做法：

1. 热锅加油，爆香蒜末、姜末。
2. 加入猪肉末炒散。
3. 加入沙爹酱和豆瓣酱炒匀。
4. 放入豆腐，轻轻翻炒。
5. 加入酱油和糖，炖煮5分钟。
6. 撒葱花出锅。

中式茶熏鸭配柠檬叶

材料：

- 鸭子 1只，处理干净
- 茶叶 20克
- 柠檬叶 5片
- 五香粉 1大勺
- 盐和糖适量
- 生姜 3片
- 料酒 2大勺

做法：

1. 鸭子腌制五香粉、盐、糖和料酒至少1小时。
2. 锅中放茶叶和柠檬叶，烧热后放入架子，放上鸭子盖盖熏制约30分钟。
3. 取出鸭子，蒸熟或烤至熟透。

罗望子糖醋鱼

材料：

- 鱼片 300 克
- 罗望子酱 3 大勺
- 糖 2 大勺
- 醋 2 大勺
- 蒜末 1 大勺
- 辣椒适量
- 植物油 2 大勺

做法：

1. 鱼片煎至两面金黄，取出备用。
2. 锅中加油爆香蒜末和辣椒。
3. 加入罗望子酱、糖和醋，煮成糖醋汁。
4. 将鱼片放入锅中裹上糖醋汁，煮一分钟即可。

中式火锅配泰式冬阴功汤底

材料：

- 冬阴功汤底包或自制冬阴功汤 1.5升
- 火锅料（肉片、蔬菜、豆腐、海鲜等）
- 香菜、青柠片、辣椒适量

做法：

1. 备好冬阴功汤底，煮沸。
2. 按个人喜好涮火锅料。
3. 配以香菜、青柠和辣椒调味。

甜辣蜜汁中式肉丸

材料：

- 猪肉末 300克
- 面包屑 50克
- 鸡蛋 1个
- 葱姜末适量
- 甜辣酱 3大勺
- 蜂蜜 1大勺
- 盐和胡椒适量
- 植物油适量

做法：

1. 将猪肉末、面包屑、鸡蛋、葱姜末和调料混合，做成肉丸。
2. 煎至两面金黄。
3. 混合甜辣酱和蜂蜜，倒入锅中煮至肉丸均匀裹上酱汁。

韭菜虾仁春卷配花生酱

材料：

- 春卷皮适量
- 虾仁 150 克，切碎
- 韭菜 100 克，切段
- 蒜末 1 大勺
- 花生酱适量
- 酱油 1 大勺
- 植物油适量

做法：

1. 热锅加油爆香蒜末，加入虾仁炒熟。
2. 加入韭菜炒匀，加酱油调味。
3. 将馅料包入春卷皮，卷好。
4. 油炸至金黄酥脆。
5. 配花生酱蘸食。

柠檬草牛肉炒中式芹菜

材料：

- 牛肉片 200 克
- 中式芹菜 150 克，切段
- 柠檬草 1 根，切细
- 蒜末 1 大勺
- 酱油 1 大勺
- 糖 1 茶匙
- 植物油 2 大勺
- 胡椒粉适量

做法：

1. 热锅加油，爆香蒜末和柠檬草。
2. 加入牛肉片快速翻炒至变色。
3. 加入芹菜炒匀。
4. 加入酱油、糖和胡椒粉调味，炒匀即可。

芒果黑豆鸡肉卷

材料：

- 鸡胸肉 300 克，切薄片
- 熟黑豆 100 克
- 芒果 1 个，切条
- 生菜叶适量
- 盐和胡椒适量
- 植物油少许

做法：

1. 鸡肉片撒盐和胡椒调味。
2. 将鸡肉片铺开，放上黑豆和芒果条，卷成卷状。
3. 锅中少油，煎鸡肉卷至熟透两面金黄。
4. 切片摆盘，搭配生菜食用。

泰式脆皮椒盐豆腐

材料:

- 硬豆腐 300 克,切块
- 粟粉(玉米淀粉)适量
- 盐 1 茶匙
- 白胡椒粉 1 茶匙
- 蒜末 1 大勺
- 辣椒碎适量
- 葱花适量
- 植物油适量

做法:

1. 豆腐块裹上粟粉,油锅中炸至金黄酥脆,捞出沥油。
2. 热锅留少许油,爆香蒜末和辣椒碎。
3. 加入炸好的豆腐,撒盐和白胡椒粉,快速翻炒均匀。
4. 撒葱花即可。

五香椰奶鸡汤

材料：

- 鸡腿肉 400克
- 椰奶 400毫升
- 八角 2颗
- 桂皮 1小块
- 丁香 2颗
- 姜片 3片
- 盐适量
- 水 1升

做法：

1. 鸡肉焯水后洗净。
2. 锅中加入水、椰奶和香料，煮沸后放入鸡肉和姜片。
3. 小火炖煮40分钟，加入盐调味即可。

中式蒸包配辣味泰式猪肉馅

材料：

- 包子皮（面团）适量
- 猪肉馅 300克
- 泰式甜辣酱 2大勺
- 蒜末 1大勺
- 葱花适量
- 辣椒碎适量
- 酱油 1大勺
- 糖 1茶匙

做法：

1. 猪肉馅加入甜辣酱、蒜末、葱花、辣椒碎、酱油和糖搅拌均匀。
2. 包入包子皮，捏紧收口。
3. 蒸锅水开后蒸15分钟，出锅即可。

芥蓝泰国罗勒蒜炒

材料：

- 芥蓝 300 克，切段
- 泰国罗勒叶 1 把
- 蒜末 2 大勺
- 酱油 1 大勺
- 植物油 2 大勺

做法：

1. 热锅加油爆香蒜末。
2. 加入芥蓝快速翻炒至断生。
3. 加入酱油和罗勒叶，炒匀即可。

辣味柠檬草川味面碗

材料：

- 面条 150 克
- 柠檬草 1 根，切细
- 干辣椒 3 个
- 花椒粉 1 茶匙
- 蒜末 1 大勺
- 豆瓣酱 1 大勺
- 酱油 1 大勺
- 葱花适量
- 植物油 2 大勺

做法：

1. 面条煮熟备用。
2. 热锅加油，爆香蒜末、柠檬草、干辣椒和花椒粉。
3. 加入豆瓣酱和酱油炒匀。
4. 将酱料淋在面条上，撒葱花即可。

越南柠檬草海鲜蜜汁排骨

材料：

- 排骨 500 克
- 海鲜（虾仁、鱿鱼）200 克
- 柠檬草 2 根，拍碎
- 蜂蜜 2 大勺
- 鱼露 1 大勺
- 蒜末 1 大勺
- 辣椒适量
- 植物油 2 大勺

做法：

1. 排骨焯水后洗净。
2. 热锅加油爆香蒜末和柠檬草。
3. 加入排骨和海鲜翻炒，加入鱼露和蜂蜜调味。
4. 炒至排骨熟透，汤汁浓稠，撒辣椒即可。

中式辣椒油椰子饭

材料：

- 米饭 2 碗
- 椰奶 1/2 杯
- 辣椒油 2 大勺
- 葱花适量
- 盐适量

做法：

1. 将椰奶与米饭混合加热均匀。
2. 淋上辣椒油，撒葱花和盐调味。
3. 拌匀即可食用。

炒空心菜配泰国小米辣

材料：

- 空心菜 300 克，洗净切段
- 泰国小米辣 3 个，切碎
- 蒜末 1 大勺
- 植物油 2 大勺
- 酱油 1 大勺
- 盐适量

做法：

1. 热锅加油爆香蒜末和小米辣。
2. 加入空心菜大火快速翻炒。
3. 加入酱油和盐调味，炒匀出锅。

泰式绿咖喱叉烧包

材料：

- 包子皮（面团）适量
- 叉烧肉 300 克，切丁
- 泰式绿咖喱酱 2 大勺
- 椰奶 100 毫升
- 糖和盐适量
- 葱花少许

做法：

1. 叉烧肉丁加入绿咖喱酱和椰奶，炒匀，小火煮至入味。
2. 加糖和盐调味，冷却备用。
3. 包入包子皮，蒸 15 分钟即可。

柠檬草柠檬叶茶叶蛋

材料：

- 鸡蛋 8个
- 茶叶 10克
- 柠檬草 2根，拍碎
- 柠檬叶 5片
- 酱油 100毫升
- 水 1升
- 八角 2颗
- 糖适量

做法：

1. 鸡蛋煮熟，敲裂蛋壳。
2. 锅中加入水、酱油、茶叶、柠檬草、柠檬叶、八角和糖，煮沸。
3. 放入鸡蛋，小火煮1小时，浸泡数小时入味最佳。

脆皮中式鸭配泰式罗望子酱

材料:

- 全鸭 1 只
- 盐和五香粉适量
- 罗望子酱 3 大勺
- 糖 1 大勺
- 蒜末 1 大勺
- 辣椒适量

做法:

1. 鸭子洗净,用盐和五香粉腌制。
2. 皮朝上,入烤箱低温烤制,至皮脆肉熟。
3. 罗望子酱炒香蒜末和辣椒,加入糖调味。
4. 将鸭肉搭配罗望子酱食用。

柠檬草姜汁烤肉串

材料：

- 猪肉或鸡肉 500克，切块
- 柠檬草 2根，切碎
- 姜汁 2大勺
- 蒜末 1大勺
- 酱油 2大勺
- 糖 1茶匙
- 植物油适量

做法：

1. 肉块与柠檬草、姜汁、蒜末、酱油和糖腌制至少1小时。
2. 将肉块穿串，烤架上烤至熟透并表面微焦。

中式炒蛤蜊配泰国罗勒辣椒

材料：

- 蛤蜊 500 克，泡沙洗净
- 泰国罗勒叶 1 把
- 辣椒 2 个，切片
- 蒜末 1 大勺
- 酱油 1 大勺
- 植物油 2 大勺

做法：

1. 热锅加油爆香蒜末和辣椒。
2. 加入蛤蜊翻炒，加入酱油翻匀。
3. 盖锅盖焖煮至蛤蜊开口。
4. 加入罗勒叶，翻炒均匀出锅。

泰式罗勒茄子配五香粉

材料：

- 茄子 300 克，切块
- 泰国罗勒叶 1 把
- 五香粉 1 茶匙
- 蒜末 1 大勺
- 辣椒适量
- 酱油 1 大勺
- 植物油适量

做法：

1. 热锅加油爆香蒜末和辣椒。
2. 加入茄子翻炒，撒入五香粉。
3. 加酱油翻匀，加入罗勒叶快速炒匀即可。

椰奶鸡粥

材料：

- 大米 1 杯
- 鸡肉 200 克，切丝
- 椰奶 200 毫升
- 生姜片 3 片
- 水 5 杯
- 盐适量

做法：

1. 大米洗净加水和姜片煮开。
2. 小火煮至米粒开花，加入鸡肉煮熟。
3. 加入椰奶和盐，搅匀后煮5分钟即可。

脆豆腐配中式豆豉泰式辣椒酱

材料：

- 硬豆腐 300 克，切块
- 中式豆豉 2 大勺
- 泰式辣椒酱 2 大勺
- 蒜末 1 大勺
- 葱花适量
- 植物油适量

做法：

1. 豆腐炸至金黄酥脆。
2. 热锅加油爆香蒜末，加入豆豉和辣椒酱炒香。
3. 倒入炸好的豆腐，翻炒均匀。
4. 撒葱花出锅。

葱油饼配泰式花生蘸酱

材料：

- 面粉 2杯
- 水 适量
- 葱花 1把
- 盐少许
- 泰式花生酱适量
- 酱油、糖、醋、辣椒油适量调成蘸酱

做法：

1. 和面揉成面团，醒发30分钟。
2. 擀开面皮，撒上葱花和盐，卷起后再擀平。
3. 煎至两面金黄酥脆。
4. 配泰式花生蘸酱食用。

牛肉泰罗勒生菜包

材料：

- 牛肉末 300 克
- 泰国罗勒叶 1 把
- 蒜末 1 大勺
- 辣椒碎适量
- 酱油 1 大勺
- 鱼露 1 大勺
- 糖 1 茶匙
- 生菜叶若干（用于包裹）

做法：

1. 热锅加油爆香蒜末和辣椒碎。
2. 加入牛肉末炒散，加入酱油、鱼露和糖调味。
3. 炒至牛肉熟透后，加入罗勒叶快速翻炒均匀。
4. 将牛肉馅盛入生菜叶中包裹食用。

柠檬草炸馄饨

材料：

- 馄饨皮适量
- 猪肉馅 200 克
- 柠檬草 1 根，切细
- 蒜末 1 大勺
- 酱油 1 大勺
- 盐和胡椒适量
- 油适量（炸用）

做法：

1. 猪肉馅加入柠檬草、蒜末、酱油、盐和胡椒搅拌均匀。
2. 包入馄饨皮，封口。
3. 锅中热油，炸至金黄酥脆，捞出沥油。

中式炒面配泰式甜辣虾

材料：

- 干炒面或生面条 150 克
- 虾仁 200 克
- 泰式甜辣酱 3 大勺
- 蒜末 1 大勺
- 葱花适量
- 植物油 2 大勺
- 青菜适量（如油麦菜或小白菜）

做法：

1. 面条煮熟备用。
2. 热锅加油爆香蒜末，加入虾仁炒至变色。
3. 加入甜辣酱炒匀，放入青菜炒软。
4. 加入面条翻炒均匀，撒葱花即可。

中式椰姜鱼咖喱

材料:

- 鱼块 400克(鳕鱼或其他白鱼)
- 椰奶 400毫升
- 姜片 5片
- 蒜末 1大勺
- 咖喱粉 2大勺
- 洋葱半个,切片
- 盐适量
- 植物油适量

做法:

1. 热锅加油,炒香洋葱、姜片和蒜末。
2. 加入咖喱粉炒香,倒入椰奶煮沸。
3. 放入鱼块,小火炖煮至鱼熟,加入盐调味。
4. 装盘后可撒些香菜装饰。

花椒柠檬草鸡翅

材料：

- 鸡翅中 500 克
- 花椒 1 大勺
- 柠檬草 2 根，拍碎
- 蒜末 1 大勺
- 生姜片 3 片
- 酱油 2 大勺
- 糖 1 茶匙
- 盐适量
- 植物油适量

做法：

1. 鸡翅洗净，用酱油、糖、盐腌制20分钟。
2. 热锅加油，爆香花椒、蒜末、生姜和柠檬草。
3. 放入鸡翅煎至两面金黄。
4. 加少量水，小火焖煮至熟透入味，收汁即可。

红烧猪肉配泰国棕糖

材料：

- 猪五花肉 500 克，切块
- 泰国棕糖 2 大勺
- 老抽 1 大勺
- 生抽 2 大勺
- 八角 2 颗
- 姜片 3 片
- 水适量
- 葱段少许

做法：

1. 猪肉焯水洗净。
2. 锅中加少许油，放入八角和姜片爆香。
3. 加入猪肉块翻炒，加入生抽、老抽和棕糖。
4. 加水没过猪肉，小火炖煮1小时至软烂。
5. 收汁后撒葱段出锅。

泰式辣味蛋花汤

材料：

- 鸡蛋2个，打散
- 鸡汤1升
- 柠檬草1根，拍碎
- 泰国辣椒2个，切碎
- 鱼露1大勺
- 青葱少许

做法：

1. 鸡汤煮沸，加入柠檬草和辣椒煮5分钟入味。
2. 慢慢倒入鸡蛋液，用筷子轻轻搅拌形成蛋花。
3. 加鱼露调味，撒青葱即可。

中式凉拌黄瓜配泰辣椒酸柠

材料：

- 黄瓜 2 根，拍碎切段
- 泰国小米辣 2 个，切碎
- 蒜末 1 大勺
- 柠檬汁 2 大勺
- 鱼露 1 大勺
- 糖 1 茶匙
- 盐适量

做法：

1. 黄瓜放入碗中，加入蒜末和辣椒。
2. 混合柠檬汁、鱼露、糖和盐调成汁，倒入黄瓜中拌匀。
3. 冷藏10分钟后口感更佳。

蒸鱼配柠檬草辣椒酱

材料：

- 鲈鱼或其他白鱼 1条（约500克）
- 柠檬草 2根，切细
- 红辣椒 1个，切细
- 蒜末 1大勺
- 酱油 2大勺
- 糖 1茶匙
- 葱花适量

做法：

1. 鱼洗净，放入盘中蒸10-12分钟至熟。
2. 热锅加油爆香蒜末、柠檬草和辣椒，加入酱油和糖调味，煮至浓稠。
3. 将酱汁淋在蒸好的鱼上，撒葱花装饰。

中式糯米团配泰式椰奶馅

材料：

- 糯米粉 200克
- 椰奶 150毫升
- 糖 50克
- 泰式椰奶馅（可用椰蓉加糖椰奶调制）适量
- 水适量

做法：

1. 糯米粉加水和椰奶揉成光滑面团。
2. 取一小团面，包入椰奶馅，搓圆。
3. 放入蒸锅蒸15分钟至熟。
4. 可撒椰蓉或芝麻增香。

www.ingramcontent.com/pod-product-compliance
Lightning Source LLC
LaVergne TN
LVHW081323060526
838201LV00055B/2418